BEI GRIN MACHT SICH IHR WISSEN BEZAHLT

AF131309

- Wir veröffentlichen Ihre Hausarbeit, Bachelor- und Masterarbeit

- Ihr eigenes eBook und Buch - weltweit in allen wichtigen Shops

- Verdienen Sie an jedem Verkauf

Jetzt bei www.GRIN.com hochladen und kostenlos publizieren

Sandra Schmechel

Kinder- und Jugendliteratur als neue mediale Sozialisationsform

GRIN Verlag

Bibliografische Information der Deutschen Nationalbibliothek:

Die Deutsche Bibliothek verzeichnet diese Publikation in der Deutschen National-
bibliografie; detaillierte bibliografische Daten sind im Internet über http://dnb.d-
nb.de/ abrufbar.

Impressum:

Copyright © 2007 GRIN Verlag GmbH
Druck und Bindung: Books on Demand GmbH, Norderstedt Germany
ISBN: 978-3-656-52504-2

Dieses Buch bei GRIN:

http://www.grin.com/de/e-book/84961/kinder-und-jugendliteratur-als-neue-
mediale-sozialisationsform

Fakultät I: Bildungs-, Kultur und Sozialwissenschaften
Studiengang Diplom Sozialpädagogik (Uni)
Modul: Konzepte sozialpädagogischen Handelns und Wissens

Ausarbeitung zum Referat

„Kinder- und Jugendliteratur als neue mediale Sozialisationsform"

Seminar: Über die „Entdeckung" der Kindheit.

vorgelegt von:

Sandra Schmechel

Lüneburg, 15.Oktober 2007

Inhaltsverzeichnis

1. Einleitung

Die vorliegende Ausarbeitung thematisiert die Entstehung einer eigenständigen Literatur für Kinder und Jugendliche im 18. Jahrhundert. Die Wissenschaftler sind sich heute darüber einig, dass die Anfänge dieses Literaturzweiges nicht erst in der Aufklärung zu finden sind, sondern bis in das Zeitalter der Reformation zurück reichen. Jedoch stellt die Aufklärung einen Wendepunkt in der Kinder- und Jugendliteratur dar, dessen Auswirkungen sich noch in späteren Werken zeigen. Dieser Strukturwandel, der einhergeht mit der Verbreitung der Philosophie der Aufklärung, wird in Kapitel 2 erörtert.

Die Bedingung für eine eigenständige Kinder- und Jugendliteratur liegt in der Unterscheidung zwischen Kindern und Erwachsenen und in der Vorstellung, die eine Gesellschaft von „Kindheit" hat. Sie ist die Vorraussetzung für die Ausrichtung der Literatur auf das kindliche Publikum, für Kindgemäßheit und Eigenständigkeit. Hier knüpft die Thematik an den übergeordneten Seminarkontext „die Entdeckung der Kindheit" an, indem deutlich wird, dass im 18. Jahrhundert bereits die Einsicht verbreitet war, dass es sich bei der Kindheit um eine besondere Zeitspanne der Entwicklung im Leben eines Menschen handle, der besondere Aufmerksamkeit gewidmet werden müsse. Dies bezieht sich jedoch ausschließlich auf die Kinder des besitzenden und gebildeten Bürgertums. Wenn also in dieser Ausarbeitung von Kindern und Jugendlichen die Rede ist, so bezieht sich dies immer nur auf einen ausgewählten Teil, der für Literatur empfänglich war. In anderen Kindheiten hatte Literatur wenig Platz.

Wie das Kindheitsideal des Bürgertums im 18.Jahrhundert aussah und welche (Erziehungs-) Ziele demnach in der Literatur verfolgt wurden, wird in Kapitel 3 dargestellt. Kapitel 4 stellt exemplarisch die wichtigste Form der Kinder- und Jugendliteratur, anhand der Geschichte „Friz der Näscher", dar. Das Exempel oder die Beispielgeschichte stellte ein wichtiges Instrument der pädagogischen Moralvermittlung dar und soll genauer auf seine Struktur und Inhalte untersucht werden. Es folgt eine kritische Würdigung der verfolgten pädagogischen Intentionen, die jedoch die Ideen und Vorstellungen der Zeit nicht außer Acht lassen darf, auch wenn aus heutiger Sicht evtl. pädagogisch bedenkliche Formen der Moralvermittlung Anwendung fanden. In dieser Ausarbeitung sollen die Zusammenhänge zwischen gesellschaftlichem Umbruch, der Philosophie der Aufklärung, den daraus resultierenden moralischen Ideen und der Kinder- und Jugendliteratur in ihrer Form und Zielsetzung herausgearbeitet und verdeutlicht werden.

2. Historische Anfänge der Kinder- und Jugendliteratur

2.1 Entstehungsbedingungen einer eigenständigen Kinderliteratur

Dass sich eine neue und eigenständige Kinderliteratur entwickeln konnte, ist den gesellschaftlichen Umbrüchen des 18. Jahrhunderts zu verdanken. Durch die Ausbildung einer bürgerlichen Gesellschaft entstand erstmals ein Absatzmarkt für Literatur, was zu höheren Auflagen führte. Literatur und Pädagogik übernahmen Aufgaben die vorher der Kirche zugeschrieben wurden. So auch Aufgaben der moralischen und sittlichen Erziehung. Es entstand ein Bewusstsein für die Notwendigkeit einer speziellen Kinderliteratur. Als literarisches Ideal galt ein Stil der Natürlichkeit und Einfachheit. Als Inbegriff der Natürlichkeit und des Naiven galt die Fabel. Der populärste Dichter von Fabeln und Erzählungen dieser Zeit war Christian Fürchtegott Gellert (Fabeln und Erzählungen 1746/48). Auch Lyrik und Singspiele waren beliebte Gattungen der Kinderliteratur (PAPE: S.30). Als meist gewählte Form setze sich jedoch die Beispielgeschichte durch, die noch näher erläutert wird.

Die Autoren von Kinderliteratur befanden sich mit ihrer einfachen und natürlichen Schreibart im Einklang mit der Poetik der Aufklärung. So wurde es möglich kindgemäß zu schreiben, was gleichzeitig als Technik der gezielten Vermittlung von Lehren anerkannt wurde (PAPE: S.30).

RICHTER bezeichnet die Zeit der Aufklärung auch als „bürgerliches Zeitalter", das sich über eine neue „mediale" Sozialisationsform auszeichne. D.h. dass sich die Erziehung und die Sozialisation des Kindes nicht mehr primär über die unmittelbare Anschauung und die Ausführung der Tätigkeiten der Erwachsenen vollzieht, sondern über das Lernen durch Rede, Gespräch und pädagogisch aufbereitete Erzählungen (RICHTER: S.49). Außerdem brauchten Eltern und Erzieher ein Medium um Normen und Werte zu vermitteln, da die körperliche Züchtigung von Kindern immer mehr verpönt war. Die Philanthropen lehnten die Prügelstrafe als Erziehungsprinzip ab. An die Stelle der autoritären Bestrafung sollte die „natürliche Strafe" treten, was bedeutet, dass das Kind Einsicht bekommt in die „Ordnung der Natur". Mit Hilfe des literarischen Beispiels bediente man sich also der Natur als Strafinstanz (RICHTER: S.53). Letztlich bleibt festzustellen, dass die Entwicklung der Kinderliteratur durch die angeführten Aspekte begünstigt wurde, sowie durch die Tatsache, dass eine zunehmende Distanz zwischen Erwachsenen und Kindern entstand, die zu einer pädagogischen Haltung führte und Kindern ein gewisses Maß an Schonung gewährte (RICHTER: S.54).

2.2 Merkmale des Strukturwandels in der Kinder- und Jugendliteratur des 18.Jhds.

Im letzten Drittel des 18. Jahrhunderts macht die Kinder- und Jugendliteratur einen tief greifenden Strukturwandel durch, den Dagmar Grenz in vier Merkmale unterteilt:

I. Eine stärkere Ausrichtung auf das kindliche und jugendliche Publikum. Es wird Wert gelegt auf eine Adaption an den kindlichen und jugendlichen Adressaten, was zu einer größeren Eigenständigkeit führt.

II. Die zunehmende Bedeutung der belletristischen Literatur. Sie soll kindgemäß unterhalten und greift daher auf Formen wie Beispielgeschichte, Fabel, Lied, Gedicht, Dialog und Schauspiel zurück. Nichtfiktionale Schriften, wie religiöse, sachliche oder moralisch belehrende Literatur rücken an den Rand der Kinder- und Jugendliteratur.

III. Die Ausweitung der kinderliterarischen Produktion. Diese ist Teil der allgemeinen Expansion des literarischen Marktes, durch die das Buch für eine größere Zahl von Lesern erreichbar wurde. Sie zeigt auch die große Bedeutung, die der Kinderliteratur im erzieherischen Prozess von der neu aufkommenden Erziehungswissenschaft und den pädagogisch interessierten Eltern zugemessen wurde.

IV. Die tief greifenden Veränderungen der bürgerlichen Gesellschaft, insbesondere der Strukturwandel der bürgerlichen Familie und die daraus resultierenden bürgerlichen Normen und Verhaltensstandards. Dazu gehören unter anderem die Auflösung des ganzen Hauses durch die Herauslagerung der Arbeit des Mannes aus dem Raum der Familie, das Aufwachsen des bürgerlichen Kindes in einem von dem Berufsalltag der Erwachsenen abgetrennten Bereich, in dem Erziehung veranstaltet wird, um das Kind auf seine Rolle als Erwachsener vorzubereiten, die Intimisierung und Emotionalisierung des Binnenraums der Familie, die zur geforderten und geglaubten Norm erhoben wird und schließlich die besondere Aufmerksamkeit, die der Erziehung des bürgerlichen Kindes gewidmet wird, mit dem Ziel das Kind durch die Vermittlung von Tugenden und Verhaltensweisen zu einem vernünftigen und tugendhaften Erwachsenen zu erziehen. (GRENZ: S.7-9)

Die Kinderbuchautoren des 18. Jahrhunderts vermitteln in ihren Schriften diese Werte und Normen offen. Sie begründen sich aus der Philosophie der Aufklärung. Wie diese konkret aussehen und welche Vorstellungen vom Menschen, oder konkreter vom Kind sich dahinter verbergen, soll im Folgenden konkretisiert werden.

3. Zielsetzung der Kinder- und Jugendliteratur im Kontext der Philosophie der Aufklärung.

3.1. Erziehung im Sinne der Philosophie der Aufklärung

Die Aufgabe der Literatur im 18. Jahrhundert sollte es sein, der Verbesserung des moralischen Empfindens der Menschen zu dienen. Abstrakte philosophische Gedanken der Aufklärung sollten durch literarische Werke veranschaulicht und auch einem weniger gebildeten Publikum näher gebracht werden (PECH: S.84). Während der Pädagogikreform im letzten Drittel des 18. Jahrhunderts verstand sich Erziehung, nach den Grundsätzen der philanthropischen Erziehungs- und Bildungspraxis, als moralische (HERMANN: S.108). Als grundlegend galt die „Ordnung der Natur". Es wurde angenommen, dass der menschliche Geist eine tabula rasa sei, auf der die sinnliche Wahrnehmung Eindrücke hinterlasse. Von frühster Kindheit an, sollten also möglichst die „richtigen" Eindrücke vermittelt werden, da diese die Ordnung der Dinge in der richtigen Ordnung der Sprache vermitteln. Dies führe dann zur richtigen Ordnung der Gedanken und damit zu richtigem Denken und Schlussfolgern (HERMANN: S.109).

Die Philanthropen („Menschenfreunde") plädierten für eine vernunftorientierte Erziehung, bei der es jedoch in erster Linie um eine Anpassung der Individuen an die gesellschaftlichen Gegebenheiten ging. Was der Mensch lernte, sollte für ihn zunächst brauchbar sein und seinem gesellschaftlichen Stand entsprechen (utilitaristische Ethik).

Die Philosophie der Aufklärung grenzt sich von der Theologie ab. Sie will eine Philosophie für die Welt sein und aus der natürlichen Vernunft die Einsichten vermitteln, die für das „richtige" Leben notwendig sind. **Kant** definierte das Ziel der Aufklärung als „sich seines Verstandes ohne Leistung eines anderen zu bedienen" (REHLE: S.28). Sie wendet sich an die menschliche Moral und soll jedermann zugänglich sein. Eine Moralphilosophie wurde von **Christian Wolff** in seiner „Deutschen Ethik" vorgegeben. Er ging davon aus, dass der Mensch eine „Vernunftnatur" sei, mit dem Ziel seine Vernunft zu entwickeln und ein Leben entsprechend der eigenen und der Gesamtnatur zu führen (REHLE: S.15). Ein wichtiger Aspekt seiner Moralphilosophie ist der Begriff der Tugend. Tugend sei das Wissen um das Gute und das Üble. Sie müsse vom Menschen errungen werden und dazu brauche der Mensch Erkenntnis. Sie sei jedoch lehr- und lernbar (REHLE: S.17). **Wolff** ist laut Rehle der Verbreiter der Philosophie der Aufklärung, als deren Wegbereiter **Thomasius** angeführt wird. Das Ziel dieser Philosophie und damit auch der (Kinder-) Literatur der Aufklärung ist es folglich, Vernunft auszubilden, so dass das Gute getan und das Böse gelassen wird und damit den Menschen zu größerer Vollkommenheit und Glückseligkeit zu führen (REHLE: S.34). Der Mensch solle dazu befähigt werden, das als richtig Erkannte mit Hilfe der Vernunft systematisch anzuwenden. Eine tugendhafte Lebensführung sei erst dann tugendhaft, wenn das Handeln Folge richtiger Erkenntnis sei (REHLE: S.6-7). Die Missstände und Nöte der Zeit werden als Folge von Unwissenheit betrachtet, die ihren Grund haben in einer falschen oder vernachlässigten Erziehung. Die Durchsetzung der Aufklärung wurde damit zur pädagogischen Aufgabe (REHLE: S.8)

3.2.   Das Kindheitsideal des 18.Jhds.

Im 18. Jahrhundert vollzieht sich in der bürgerlichen Gesellschaft ein Umdenken über die Rolle des Kindes. Der Brauch, Kinder schon früh wie Erwachsene anzureden, zu behandeln, anzuziehen und zu frisieren, wurde zunehmend kritisiert (RICHTER: S.47).

Immer öfter ergeben sich für die Kinder des Bürgertums Räume, in denen sie zeitweilig unbeaufsichtigt sein können. Mit der Einrichtung eines Kinderzimmers und der Freistellung von Arbeit ergeben sich Freiräume. Hinzu kommt die Einrichtung von öffentlichen Schulen, die es für Kinder möglich macht, das Haus zeitweise zu verlassen. Die Kinder sind nicht mehr in den Lebens- und Arbeitszusammenhang der Erwachsenen eingebunden und damit wachse die Unsicherheit der Eltern und Erzieher (RICHTER: S.57). Als wichtigstes Ziel und Ideal galt daher die Fähigkeit des Kindes eine „Herrschaft über sich selbst" auszubilden. Dies funktioniere nur, weil die Gewalt des Fremdzwanges als Drohung hinter ihm stehe, so RICHTER. Jedoch ging es in der Erziehung der Aufklärung darum, beim Kind eine Einsicht in die Notwendigkeit sittlichen Verhaltens und die Ordnung der Natur zu verfestigen (RICHTER: S.55). Richter vergleicht dies mit einer Ausbildung des Über-Ichs oder Gewissens, welche gefordert wird als Reaktion auf die voranschreitenden Individualisierungsprozesse.

Die Art der Kinderliteratur lässt allerdings auch auf ein Bild vom Kind schließen, das geprägt ist von mangelnder Selbstbeherrschung und Triebhaftigkeit. Um dieser Herr zu werden, gilt es auch über Literatur Erziehungsziele zu vermitteln. RICHTER nennt davon Folgende:

- Das Einhalten elterlicher Gebote.
- Restriktion spontaner oraler Befriedigung und das Erlernen von Lustaufschub und Triebkontrolle.
- Die Notwendigkeit fremdes Eigentum zu akzeptieren.

- Abstinenz und kontrollierter Genuss. Dies bezieht sich vor allem auf Süßigkeiten und Zucker, der damals als Luxusgegenstand betrachtet wurde. Der Verzicht wurde auch gesundheitlich begründet. (RICHTER: S.63-68).

Hermann nennt als „gute Triebe", die es beim Kind im 18. Jahrhundert zu fördern gilt, die Folgenden:

- Wissbegierde
- Tugend- und Elternliebe
- Menschenliebe und Patriotismus
- Freundschaft, Ehr- und Erwerbstrieb
- Ordnung und Reinlichkeit (HERMANN: S.109).

Dagegen sollten „schlechte Triebe" wie Trägheit, Leichtsinn und Unordnung, Eigensucht und Undankbarkeit, Eitelkeit und Verschwendung, Geiz und Prahlerei, Neid und Missgunst unterdrückt werden (HERMANN: S.109).

3.3. Verstandsbildung und Geschmacksbildung

Nach der Maxime „prodesse et delectare" soll die Kinder- und Jugendliteratur der Aufklärung lehren und erfreuen. Sie tue dies entweder mehr durch Bildung des Geschmacks (gesellschaftlich-ästhetische Bildung) oder durch Wissensvermittlung. So ergibt sich ein Spektrum vom literarischen Sachbuch bis hin zur Poesie für Kinder. (PAPE:S.23) Was aber ist mit „Geschmacksbildung" genau gemeint?

Geschmack sei eine Fertigkeit, die dazu diene, das Gute, das Schlechte und das Mittelmäßige zu empfinden und voneinander zu unterscheiden. Er stifte eine Beziehung zwischen den Empfindungen und der Welt. Die Zuständigkeit des Geschmacks beziehe sich nicht nur auf die Beurteilung und Hervorbringung von Kunst, sondern auch auf den gesellschaftlichen Umgang. Man könne den Geschmack in enger Verwandtschaft zum Gewissen sehen. Er sei gleichwohl eine Instanz der Verinnerlichung ästhetischer und moralisch-gesellschaftlicher Wertevorstellungen und Ideale (PAPE:S.25).

Es wurde davon ausgegangen, dass der gute Geschmack gebildet werden könne und dass er Grobheit, Grausamkeit und Unmenschlichkeit aus der Gesellschaft verbannen könne. SCHLEGEL entwarf bereits 1759 eine Art Programm der Geschmacksbildung für Kinder. Er ging davon aus, dass eine frühe Geschmacksbildung wichtig und Aufgabe eines Erziehers sei.

Dies sah er in der Tatsache begründet, dass der Geschmack eine Empfindung sei, die schon existiere bevor die Vernunft einsetze (PAPE: S.26). Das Ziel sei es, Geschmack und Vernunft in Einklang zu bringen. Der Erzieher bereite also mit der Bildung des Geschmacks der Vernunft den Weg. Dazu müsse jedoch die Empfindung des Kindes dazu gezwungen werden vor „lasterhaften" und „unanständigen Handlungen" eine Abscheu zu entwickeln. Als Mittel dafür wurden körperliche und seelische Schmerzen als unumgänglich angesehen. Es herrschte die Annahme, dass sich der Geschmack nicht bilde, wenn alles was Schmerz und Traurigkeit verursache vom Kind ferngehalten werde (PAPE: S.27). Dieser Grundsatz findet sich auch in der Literatur wieder. Die Kinder sollen durch die Geschichten Mitleid an dem Unglück der Mitgeschöpfe empfinden. Schlegel plädierte dafür, sich in der Literatur an dem Entwicklungsstand des Kindes zu orientieren. Zitat:" Man sollte sich zu den Fähigkeiten der Kinder herunterlassen; man sollte in ihre Spiele Unterricht und Weisheit mischen; man sollte mit ihnen lallen (…)" (SCHLEGEL zit. nach PAPE: S.27).

4. Beispielgeschichte als Unglücksgeschichte

Die Kinder- und Jugendliteratur des 18. Jahrhunderts verfolgte, wie bereits deutlich wurde, das Ziel der Belehrung und moralischen Bildung. Die Verfasser der Schriften für Kinder waren sich einig, dass es dazu mehr bedürfe als nur abstrakt dargestellte Regeln. Sittliches Verhalten müsse veranschaulicht und durch Erfahrungstatsachen begründet werden, nicht durch logische Beweise. Dies solle dabei ansprechend und unterhaltsam dargestellt werden. (PECH: S.80).

Zu diesem Zweck wählte man die Form des **Beispiels**, welches aus der Wiedergabe einer Handlung, der Charakterisierung einer Person und der Angabe eines Handlungsortes bestand. Das Exempel wurde zur grundlegenden literarischen Form der aufgeklärten Kinderliteratur. Wolff hielt das Exempel für die beste literarische Form um „richtiges Denken" einzuüben (WILD: S.68). PECH erwähnt die Möglichkeit, dass sich Kinderbuchautoren der Aufklärung durch die Rezeption der Schriften Lockes darin bestärkt fühlten, sich der Exempelmethode zu bedienen. Dort war schon die Rede von einem Trieb der Kinder, Beispiele nachzuahmen. Locke bezog sich dabei jedoch immer auf konkrete Beispiele der Praxis, nicht auf Fiktion im Sinne von Literatur, weshalb PECH dies nicht geeignet erscheint um die Ausbreitung der Beispielgeschichte in der Kinderliteratur des 18. Jahrhunderts zu begründen (PECH: S.81). Weitaus einflussreicher sei laut PECH die jahrhundertealte Exempeltradition, die man bis zur antiken Rhetorik zurückverfolgen könne, die aber vor allem in den Jahrhunderten zwischen

Reformation und Aufklärung auf religiösem Gebiet eine Blütezeit erlebt habe. Dabei spiele der Gedanke eine entscheidende Rolle, wie einem einfachen, ungebildeten Menschen abstrakte Regeln und Normen verdeutlicht und eingeprägt werden können (PECH: S.82).

Rudolf Schenda definiert die Beispielgeschichte- „das Exemplum" wie folgt:

„**Das Exemplum** ist ein unterhaltsam vorgetragenes Lehrstück, das die Sittlichkeit fördern will(…) Exemplum ist also sowohl ein Sammelbegriff für die verschiedensten literarischen Gattungen als auch gleichzeitig ein Funktionsbegriff, keineswegs eine selbständige Gattungsbezeichnung(...) " (SCHENDA zit. nach PECH: S.84).

Inhaltlich vordergründig ist die Veranschaulichung eines Lehrsatzes, welcher durch eine überschaubare Handlung einfach konstruierter Protagonisten transportiert wird. Der Verstand benötige die Anschaulichkeit, die ihm ein einziger Fall vorführe. Es galt die These, dass nur rationales Nachdenken noch kein rechtmäßiges, tugendhaftes Handeln ergebe (PECH: S.85). Die Beispielgeschichten des 18. Jahrhunderts sind nicht selten „Unglücksgeschichten". Ihre Protagonisten ereilt Unglück und sogar der Tod durch unangemessenes oder unsittliches Verhalten. Als Beispiel soll hier die Geschichte „Friz der Näscher" angeführt werden, die zwischen 1779 und 1830 in **Joachim Heinrich Campes** „Kleiner Kinderbibliothek" erschein.

Friz der Näscher

„ Friz war ein herzenguter Junge,
Und Lernen war ihm nur ein Spiel;
Doch auf den Wohlschmak seiner Zunge
Hielt leider! Frizchen gar zu viel.

Ihm that´s im Erd- und Himbeersuchen
Von allen Jungen keiner nach,
Und traun! er wär um ein Stück Kuchen
Geklettert auf das Rathhausdach.

Mit Diebstahl hätt` er sein Gewissen
Um alle Welt zwar nicht beschwert,
Allein im Punkt der Leckerbissen
War´s doch nicht so ganz unversehrt.

Selbst ein Paar Kirschen oder Pflaumen
Zu stehlen hielt er für erlaubt;
Denn ach! ihm hatte schon sein Gaumen
Die Herrschaft über sich geraubt.

Die Speisekammer zu bemausen
Stieg er ins Fenster einst hinein.
Da, dacht` er, gibt es was zu schmausen:
Da wird gewiss noch Torte sein!

Doch dismahl fand der gute Schlukker
Sich sehr betrogen. Wie er sah,
Stand nichts, als nur ein wenig Zukker
In einem irdnen Näpfchen da.

Mit seinem nassen Finger düpfte
Der Lekkermund das Näpfchen aus,
Und aus dem ofnen Fenster schlüpfte
Der Dieb gleich einer Kaz hinaus.

Doch bald fing er sich an zu krümmen,
Gleich einem Wurm, und ächzt` und schrie;
Denn solch ein Brennen, solch ein Grimmen
In den Gedärmen fühlt` er nie.

Vergebens war´s, um Hülfe flehen;
Sein Naschen bracht ihn mördrisch um.
Was er für Zukker angesehen,
War größtentheils Arsenikum." (RICHTER: S.41-42)

Ein ähnliches Schicksal wie den Protagonisten „Friz" ereilte unzählige Figuren aus Beispielgeschichten aufgrund kindlichen Fehlverhaltens. Viele der Helden sterben, andere behalten körperliche Schäden zurück. Trotzdem tragen die Bücher, in denen diese

Geschichten stehen Titel wie „ Kinderfreund" oder „ Das allerliebste Buch für gute kleine Kinder" (RICHTER: S.44).

Trotz der, aus heutiger Sicht kinderfeindlich erzählten Geschichten, sind diese Ausdruck einer historisch neuen Zuwendung zum Kind. Die kindlichen Protagonisten bieten sich als Identifikationsfiguren an und mit der Verwendung von Kurzformen bei den Namen, wie z.B. Friz, Hans oder Julchen, drücke sich laut RICHTER eine Vertraulichkeit im Umgang mit Kindern aus (RICHTER: S.47).

Typisch für die Beispielgeschichte ist eine „realistische Milieuschilderung" (zit. RICHTER, S.48). Das bedeutet, ihr Schauplatz ist die zeitgenössische Umwelt des Bürgerkindes. Aber das Kind bewege sich nur scheinbar im realen bürgerlichen Alltag. RICHTER gibt zu bedenken, dass die Form der Beispielgeschichte ihren Protagonisten isoliere. So treten in der realistischen Beschreibung der Umwelt von Friz der Näscher keine Freunde oder Eltern auf, die ihm zu Hilfe kommen könnten. Außerdem seien die Protagonisten auf eine einzige Eigenschaft reduziert, an der das Beispiel verdeutlicht werden soll. Es handle sich also immer um eine eindimensionale lineare Handlungsführung, die den Protagonisten einem unvermeidlichen Ende entgegen treibe (RICHTER: S.49-50). Bei den meisten Erzählungen handle es sich bei den Protagonisten um fast perfekte Kinder, denen nur eine einzige kleine Unvollkommenheit zum Verhängnis wird.

Der Erzähler der Geschichte nimmt die Rolle des Warners oder Kommentators wahr. Er begleitet die Geschichte mit moralischen Emphasen („leider!", „ach!") oder versteckt sich hinter Warnungen anderer Personen („Sei aber nicht so wild, wie gewöhnlich!") (RICHTER: S.51). Die Kinder- Unglücksgeschichte solle jedoch nicht das Unglück, sondern die Vermeidbarkeit des Unglückes vor Augen führen (RICHTER: S.71).

5. Kritische Einschätzung der vermittelten pädagogischen Intention.

Wie schon in Kapitel 4 deutlich wurde, handelt es sich bei den moralisch belehrenden Geschichten für Kinder um solche, an denen sich Kinder ein Beispiel am Schrecken nehmen sollen, den unsittliches Verhalten zur Folge habe. Dabei gehen diese Geschichten ausschließlich von einem bestimmten Makel, einer Schwäche des Protagonisten aus, die zu seinem Unglück führt. Um die Drohung noch wirksamer zu machen, wird zu Beginn der Geschichte oft sogar betont, dass es sich bei dem Protagonisten ansonsten um ein vorbildlich gutes Kind handle. Die Handlung ist dabei so konzipiert, dass keine Hilfe von außen möglich erscheint.

Die auf den ersten Blick realistisch geschriebenen Erzählungen, vermitteln auf diese Art und Weise jedoch ein sehr einseitiges Bild von Realität und relativ schnell lässt sich die Intention des Autors vorhersehen.

Zu bedenken sei bei dieser Form der Warngeschichte laut RICHTER die Tatsache, dass diese auch Lustgeschichte sein müsse, denn sie müsse die verbotenen Wünsche erst einmal inszenieren, um sie später zu verdammen. Um eine Warnung auszusprechen, bedürfe es der Aufmerksamkeit des Lesers. Damit eröffnet die Geschichte jedoch auch einen Spielraum der kindlichen Phantasie und es sei anzunehmen, dass Kinder diese Geschichten mit einer Mischung aus Lust und Angst gelesen haben, die nicht der pädagogischen Intention entsprach (RICHTER:S.51). Vorstellbar ist eine gesteigerte Angst vor Situationen, aus denen sich das Kind nicht allein befreien kann. Eine andere Möglichkeit wäre, das Gegenteil von dem zu erreichen, indem die Kinder ständig Phantasien präsentiert werden, die ansonsten gar nicht auftreten würden. Dies bleiben jedoch Mutmaßungen, die nicht belegt werden können.

NASSEN vertritt sogar die These, dass die philanthropische Pädagogik entgegen ihres Selbstverständnisses keine menschenfreundliche Pädagogik sei, sondern eine Überwachungspädagogik darstelle, die sich in alle Lebensbereiche des Kindes einbringe, um die kindliche Triebstruktur im Sinne des sich entwickelnden Frühkapitalismus zu formen (GRENZ: S.14). Er wirft der Literatur Sozialdisziplinierung vor. Auf den ersten Blick scheint es sich um eine positive Entwicklung zu handeln, dass Kinder in ihrer Besonderheit gesehen werden sollen und dass körperliche Züchtigung abgeschafft werden solle, zu Gunsten einer Belehrung über Kommunikation, Geschichten usw. NASSEN sieht dies nüchtern als eine Technik der Bestrafung, die sich nun nicht mehr gegen den Körper, sondern gegen die Seele richte (NASSEN: S.214). Konsequent habe man eine Strategie der Abschreckung verfolgt und Kinder mit den Folgen unerwünschten Verhaltens drastisch konfrontiert. Die Forderungen nach Mäßigung in möglichst vielen Bereichen des Lebens entspräche der damaligen ökonomischen Situation des Bürgertums (NASSEN: S.229). Daraus lässt sich schließen, dass sich die Zielvorstellungen der Kinderliteratur primär an der gesellschaftlichen Situation orientierten, also die Funktionsfähigkeit der Gesellschaft fokussierten, als dass sie die Bedürfnisse des Kindes verfolgten. Dem Kind werden alle Formen unproduktiver Zeitverwendung als negativ suggeriert, da dies nicht dem „neuen Arbeitsethos" des Bürgers entspreche (NASSEN: S.231). NASSEN bezeichnet die Sozialisation des Kindes über Medien, wie beispielsweise die Kinderliteratur, als „pädagogische Maschine", die Individuen zur Berechenbarkeit erziehe.

6. Resumée

Aus den Erörterungen über Form, Inhalte und Ziele der Kinder- und Jugendliteratur der Aufklärung ergibt sich ein Spannungsfeld unterschiedlicher Meinungen. Zum einen vollzog sich hier eine literaturgeschichtliche Veränderung, zum anderen eine Veränderung pädagogischer Ansichten. Zum ersten Mal wurden Kinder zu Protagonisten von Geschichten und Erzählungen und wurden Bücher ausdrücklich für ein kindliches Publikum geschaffen. Die gesellschaftlichen Veränderungen brachten den Kindern einige Vorteile. Die Freiheit und den Raum zum Spiel und zur Bildung zum Beispiel. Die Bemühungen darum, den Kindern Werte und Normen zu vermitteln, ohne sie körperlich zu züchtigen, kann durchaus als Fortschritt gewertet werden. Die philosophische Idee, die hinter den Beispielgeschichten steht, dass Kinder selbständig zu Einsicht und Erkenntnis kommen und zwischen Gut und Böse unterscheiden sollen, ist erst einmal nicht verwerflich. Jedoch ist die Art und Weise der Umsetzung aus heutiger Sicht eher bedenklich und schwer nachzuvollziehen. Das gewünschte Verhalten beim Kind über Angst und indirekte Drohungen auslösen zu wollen, wäre aktuell eine indiskutable pädagogische Praktik. Als Pädagoge sieht man sich eher dazu angehalten, das Selbstvertrauen des Kindes zu stärken und seine Ressourcen aufzuzeigen, anstatt einzelne Schwächen herauszustellen und mögliche Folgen darum zu konzipieren.

Jedoch darf nicht vergessen werden, dass unsere heutige Gesellschaft ganz andere Anforderungen an Kinder stellt. Auch wenn man wie NASSEN der Meinung sein kann, dass die Kinderliteratur der Aufklärung instrumentalisiert wurde, um gesellschaftliche Ziele durchzusetzen und die Funktion des Systems „Bürgertum" zu unterstützen, so könnte man sich auch fragen wie Literatur und Medien heute Kinder beeinflussen und ob sie nicht auch einem gesellschaftlichen Nutzen dienen. NASSEN wirft der Kinderliteratur vor, sie erziehe zur Berechenbarkeit. Betrachten wir die heutige Kinderliteratur bzw. andere Medien wie Fernsehen oder Computerspiele, die extra für Kinder konzipiert wurden, so könnte man ihnen neben der Bildung und Unterhaltung auch die Vermittlung von Konsumverhalten unterstellen. Diese würde sich dann auch positiv auf den Erhalt unserer kapitalistischen Gesellschaft auswirken. Trotz einer Orientierung am Kind, dient dann die Vermarktung primär der Gewinnmaximierung und damit der Wirtschaft.

Daher erscheint eine Kritik an den gesellschaftlichen Hintergedanken bei Literatur zwar angebracht, ist jedoch kein einmaliges Phänomen des 18. Jahrhunderts. Heutzutage werden Normen, Werte und Moral auch über Geschichten transportiert. Die Autoren tun dies nicht offen und direkt, was zur Form einer plump belehrenden Beispielgeschichte führen würde. Versteckt enthalten unsere Kinderbücher aber noch heute moralische Botschaften. Eingekleidet in phantasievollen Geschichten, mit oftmals vielschichtig gestalteten Charakteren. Grundlage dieser Literatur sind aber noch immer Fabeln, Märchen, Gedichte und Geschichten, wie es sie seit der Aufklärung gegeben hat.

7. Literaturverzeichnis

- **GRENZ**, Dagmar: Einleitung. In: GRENZ, D. (Hrsg.): Aufklärung und Kinderbuch. Studien zur Kinder- und Jugendliteratur des 18. Jahrhunderts. Verlag Renate Raecke, Pinneberg 1986.

- **HERRMANN**, Ulrich: Pädagogisches Denken. In: Handbuch der deutschen Bildungsgeschichte Bd. II: 18. Jahrhundert. Hrsg. V.N. Hammerstein und U. Herrmann. München 2005.

- **NASSEN**, Ulrich: Das Kind als wohltemperierter Bürger. Zur Vermittlung bürgerlicher Affekt- und Verhaltensstandards in der Kinder- und Jugend-Ratgeberliteratur des späten 18. Jahrhunderts. In: GRENZ, D. (Hrsg.): Aufklärung und Kinderbuch. Studien zur Kinder- und Jugendliteratur des 18. Jahrhunderts. Verlag Renate Raecke, Pinneberg 1986

- **PAPE**, Walter: Die Theorie des schönen Umgangs. Zur Ästhetik und Poetik der Kinderliteratur im 18. Jahrhundert. In: GRENZ, D. (Hrsg.): Aufklärung und Kinderbuch. Studien zur Kinder- und Jugendliteratur des 18. Jahrhunderts. Verlag Renate Raecke, Pinneberg 1986

- **PECH**, Klaus-Ulrich: Beispielgeschichten. Anmerkungen zu einem Prototyp der Kinder- und Jugendliteratur. In: GRENZ, D. (Hrsg.): Aufklärung und Kinderbuch. Studien zur Kinder- und Jugendliteratur des 18. Jahrhunderts. Verlag Renate Raecke, Pinneberg 1986.

- **REHLE**, B.: Aufklärung und Moral in der Kinder- und Jugendliteratur des 18. Jahrhunderts. Frankfurt/ M. 1989

- **RICHTER**, Dieter: Das fremde Kind. Zur Entstehung der Kindheitsbilder des bürgerlichen Zeitalters. S. Fischer Verlag GmbH, Frankfurt am Main 1987.

- **WILD**, Reiner: Die aufgeklärte Kinderliteratur in der Literaturgeschichte des 18. Jahrhunderts. Zur Kontroverse um die Robinson- Bearbeitung zwischen Joachim Heinrich Campe und Johann Carl Wezel. In: GRENZ, D. (Hrsg.): Aufklärung und Kinderbuch. Studien zur Kinder- und Jugendliteratur des 18. Jahrhunderts. Verlag Renate Raecke, Pinneberg 1986.